Impressum
Verlag: BABADADA GmbH, Nedderfeld 112 , 22529 Hamburg
Geschäftsführer / Verlagsleitung: Harald Hof
Druck: Books on Demand GmbH, In de Tarpen 42, 22848 Norderstedt

Imprint
Publisher: BABADADA GmbH, Nedderfeld 112 , 22529 Hamburg, Germany
Managing Director / Publishing direction: Harald Hof
Print: Books on Demand GmbH, In de Tarpen 42, 22848 Norderstedt, Germany

1

ysgol
la escuela

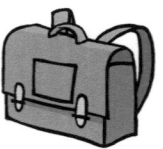

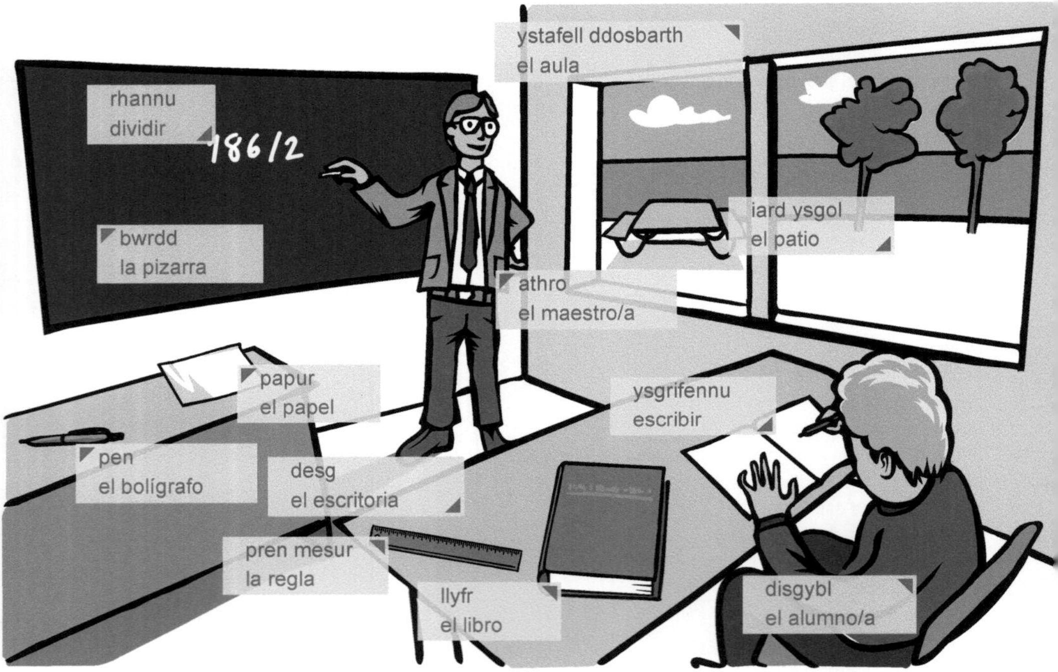
ystafell ddosbarth
el aula
rhannu
dividir
186/2
iard ysgol
el patio
bwrdd
la pizarra
athro
el maestro/a
papur
el papel
ysgrifennu
escribir
pen
el bolígrafo
desg
el escritoria
pren mesur
la regla
llyfr
el libro
disgybl
el alumno/a

bag ysgol

la cartera

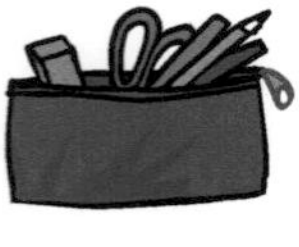

blwch penseli

la caja de lápices

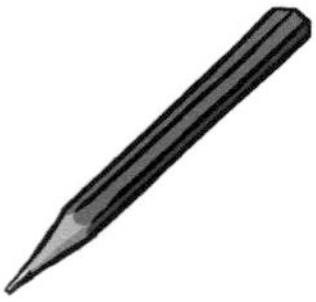

pensil

el lápiz

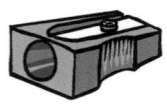

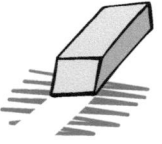

peth rhoi min ar bensil

el sacapuntas

rwber

la goma de borrar

pad arlunio

el cuaderno de dibujo

llun

el dibujo

brws paent

el pincel

blwch paent

la caja de pinturas

siswrn

las tijeras

glud

el pegamento

llyfr ysgrifennu

el cuaderno de ejercicios

gwaith cartref

los deberes

rhif

el número

2+2

ychwanegu

sumar

tynnu

restar

lluosi

multiplicar

cyfrifo

calcular

A

llythyren

la letra

gwyddor

el alfabeto

gair

la palabra

testun

el texto

darllen

leer

sialc

la tiza

gwers

la lección

cofrestr

el cuaderno de notas

arholiad

el examen

tystysgrif

el certificado

gwisg ysgol

el uniforme

addysg

la educación

gwyddoniadur

la enciclopedia

prifysgol

la universidad

microsgop

el microscopio

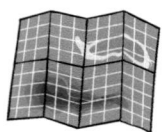

map

el mapa

basged papur gwastraff

la papelera

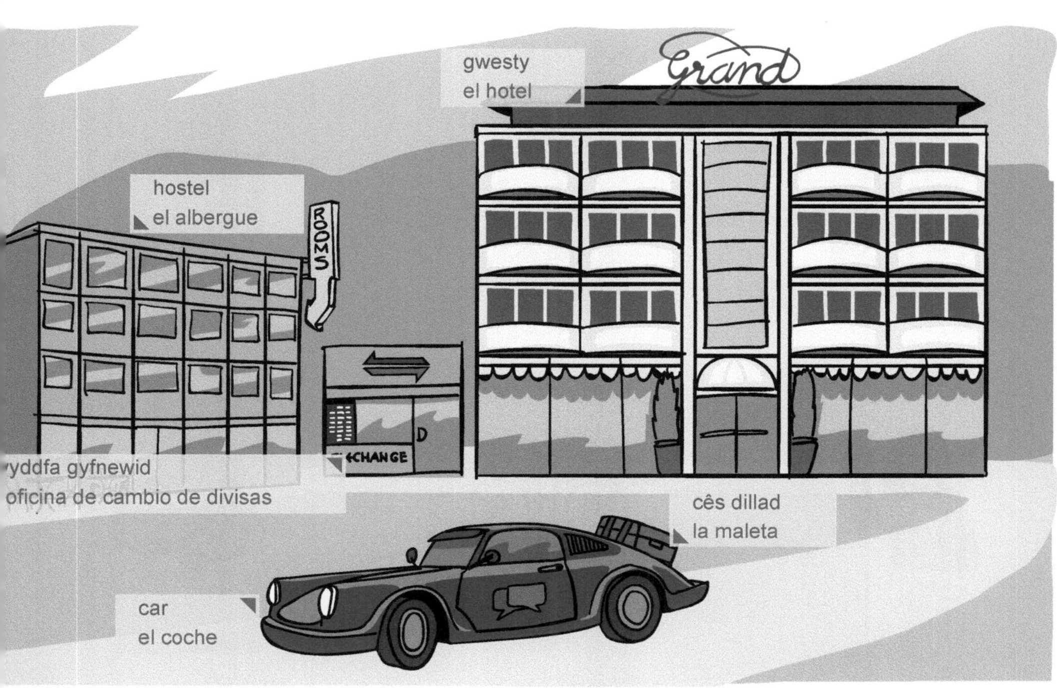

gwesty
el hotel
Grand
hostel
el albergue
ROOMS
yddfa gyfnewid
oficina de cambio de divisas
EXCHANGE
cês dillad
la maleta
car
el coche

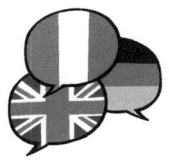

iaith

el idioma

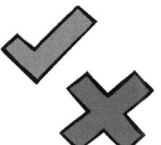

ie / na

sí / no

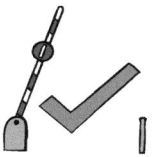

iawn

Vale

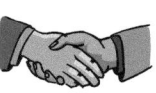

helo

hola

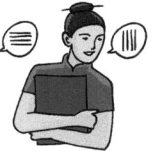

cyfieithydd

el traductor

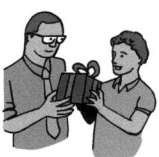

Diolch yn fawr

Gracias

faint yw ...?

¿cuánto es...?

Dw i ddim yn deall

No entiendo

problem

el problema

Noswaith dda!

¡Buenas tardes!

Bore da!

¡Buenos días!

Nos da!

¡Buenas noches!

hwyl

adiós

cyfarwyddyd

la dirección

bagiau

el equipaje

bag

la bolsa

gwarbac

la mochila

gwestai

el invitado

ystafell

la habitación

sach gysgu

el saco de dormir

pabell

la tienda de campaña

gwybodaeth i ymwelwyr

la información turística

traeth

la playa

cerdyn credyd

la tarjeta de crédito

brecwast

el desayuno

cinio

el almuerzo

swper

la cena

tocyn

el billete

lifft

el ascensor

stamp

el sello

ffin

la frontera

tollau

la aduana

llysgenhadaeth

la embajada

fisa

la visa

pasbort

el pasaporte

cludiant

el transporte

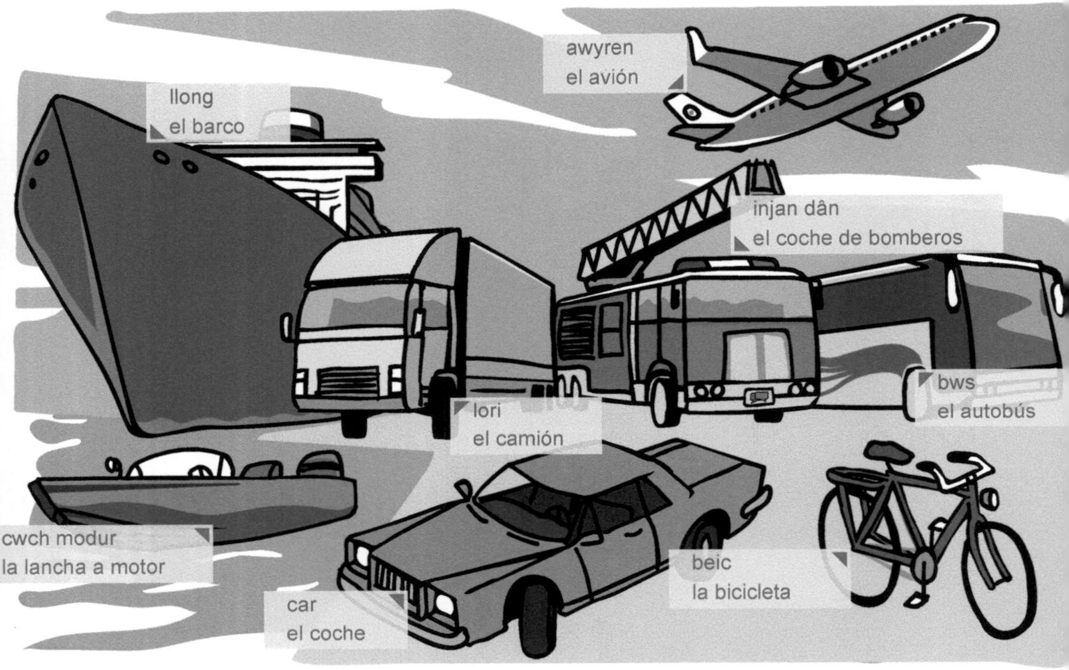
awyren
el avión
llong
el barco
injan dân
el coche de bomberos
bws
el autobús
lori
el camión
cwch modur
la lancha a motor
beic
la bicicleta
car
el coche

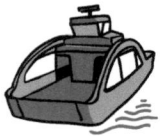

fferi

el transbordador

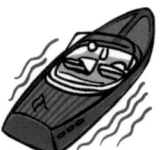

cwch

la barca

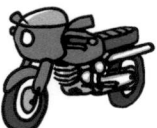

beic modur

la moto

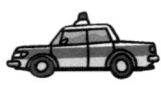

car yr heddlu

el coche de policía

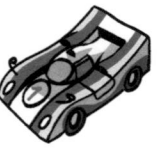

car rasio

el coche de carreras

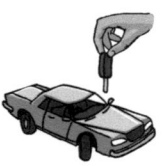

car wedi'i rentu

el coche de alquiler

rhannu car

el préstamo de vehículos

lori tynnu

la grúa

lori ysbwriel

el camión de la basura

modur

el motor

tanwydd

la gasolina

gorsaf betrol

la gasolinera

arwydd traffig

la señal de tráfico

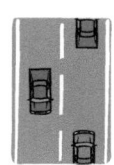

traffig

el tráfico

tagfa draffig

el atasco

maes parcio

el aparcamiento

gorsaf drennau

la estación de tren

traciau

las vías

trên

el tren

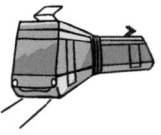

tram

el tranvía

wagen

el vagón

hofrennydd

el helicóptero

maes awyr

el aeropuerto

twr

la torre

teithiwr

el pasajero

cynhwysydd

el contenedor

paced

la caja de cartón

cert

la carretilla

basged

la cesta

esgyn / glanio

despegar / aterrizar

dinas

la ciudad

pentref

el pueblo

canol y ddinas

el centro de la ciudad

tŷ

la casa

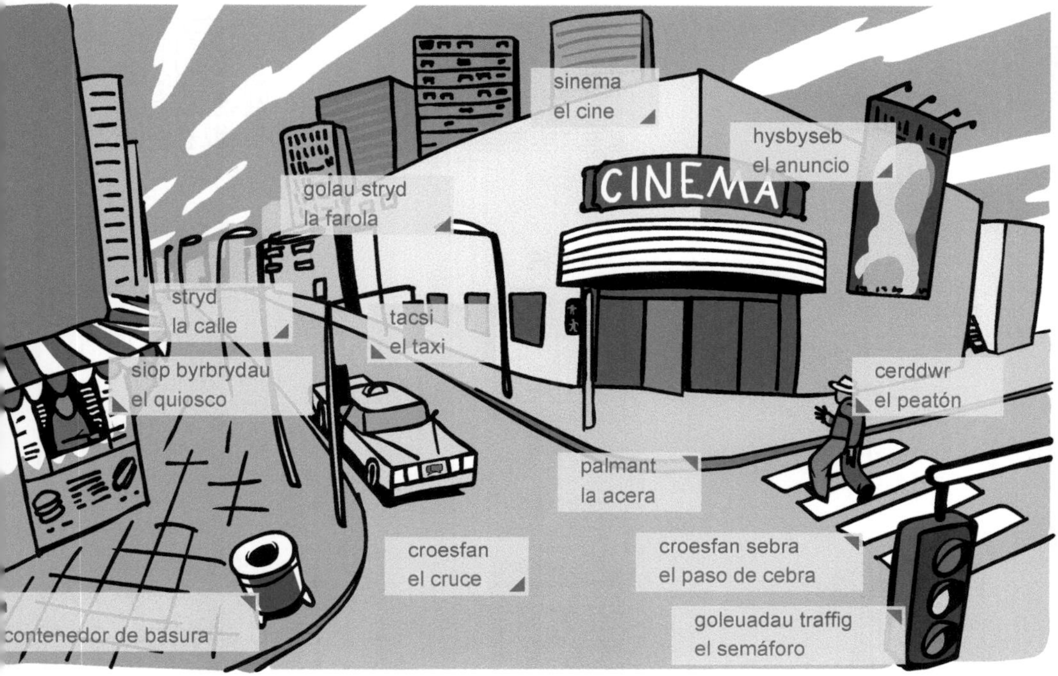

sinema
el cine

hysbyseb
el anuncio

golau stryd
la farola

stryd
la calle

tacsi
el taxi

siop byrbrydau
el quiosco

cerddwr
el peatón

palmant
la acera

croesfan
el cruce

croesfan sebra
el paso de cebra

contenedor de basura

goleuadau traffig
el semáforo

cwt

la cabaña

fflat

el apartamento

gorsaf drennau

la estación de tren

neuadd y dref

el ayuntamiento

amgueddfa

el museo

ysgol

la escuela

dinas - la ciudad   11

prifysgol

la universidad

banc

el banco

ysbyty

el hospital

gwesty

el hotel

fferyllfa

la farmacia

swyddfa

la oficina

siop lyfrau

la librería

siop

la tienda de campaña

siop flodau

la floristería

archfarchnad

el supermercado

farchnad

el mercado

siop adrannol

los grandes almacenes

siop bysgod

la pescadería

canolfan siopa

el centro comercial

harbwr

el puerto

parc

el parque

banc

el banco

pont

el puente

grisiau

las escaleras

rheilffordd danddaearol

el metro

twnnel

el túnel

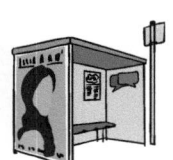

safle bws

la parada de autobús

bar

el bar

bwyty

el restaurante

blwch post

el buzón

arwydd stryd

el poste indicador

mesurydd parcio

el parquímetro

sŵ

el zoo

pwll nofio

la piscina

mosg

la mezquita

 fferm

la granja

llygredd

la contaminación

mynwent

el cementerio

eglwys

la iglesia

maes chwarae

el patio de juego

teml

el templo

tirwedd

el paisaje

deilen
la hoja

arwydd cyfeirio
la señal

ffordd
el camino

dôl
el prado

carreg
la piedra

coeden
el árbol

heiciwr
el excursionista

afon
el río

glaswellt
la hierba

blodyn
la flor

cwm

el valle

bryn

la colina

llyn

el lago

coedwig

el bosque

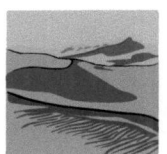

anialwch

el desierto

llosgfynydd

el volcán

castell

el castillo

enfys

el arcoíris

madarchen

el champiñón

palmwydden

la palmera

mosgito

el mosquito

pryf

la mosca

morgrugyn

la hormiga

gwenyn

la abeja

pryf copyn

la araña

chwilen

el escarabajo

llyffant

la rana

gwiwer

la ardilla

draenog

el erizo

ysgyfarnog

la liebre

tylluan

la lechuza

aderyn

el pájaro

alarch

el cisne

baedd

el jabalí

carw

el ciervo

elc

el alce

argae

la presa

tyrbin gwynt

la turbina eólica

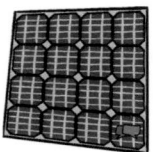

panel haul

el panel solar

hinsawdd

el clima

bwyty

el restaurante

gweinydd
el camarero
bwydlen
el menú
cadair
la silla
cawl
la sopa
pitsa
la pizza
lliain bwrdd
el mantel
cyllyll a ffyrc
la cubertería

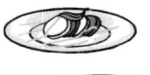

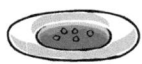

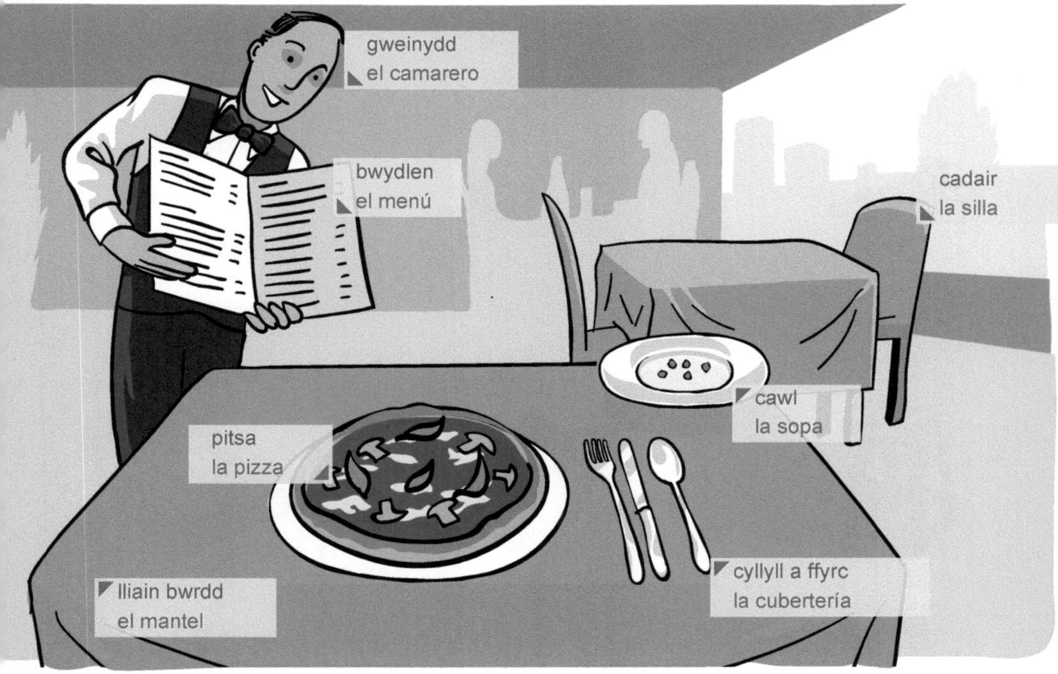

cwrs cyntaf

el primer plato

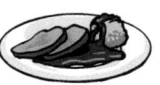

prif gwrs

el plato principal

pwdin

el postre

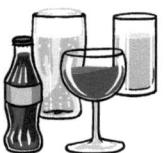

diodydd

las bebidas

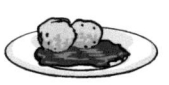

bwyd

la comida

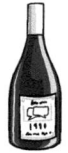

potel

la botella

bwyd cyflym

la comida rápida

bwyd y stryd

la comida callejera

tebot

la tetera

powlen siwgr

el azucarero

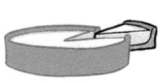

dogn

la porción

peiriant espresso

la cafetera expreso

cadair plentyn

la trona

bil

la cuenta

hambwrdd

la bandeja

cyllell

el cuchillo

fforc

el tenedor

llwy

la cuchara

llwy de

la cucharilla

napcyn

la servilleta

gwydr

el vaso

plât
el plato

plât cawl
el plato hondo

soser
el platillo

saws
la salsa

pot halen
el salero

melin bupur
el molinillo de pimienta

finegr
el vinagre

olew
el aceite

sbeisys
las especias

saws coch
el ketchup

mwstard
la mostaza

mayonnaise
la mayonesa

archfarchnad

el supermercado

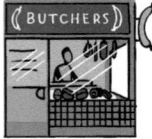

cynnig arbennig
la oferta especial
FOR
cwsmer
el cliente
cynnyrch llaeth
los lácteos
ffrwythau
la fruta
troli
el carro de compra

BUTCHERS

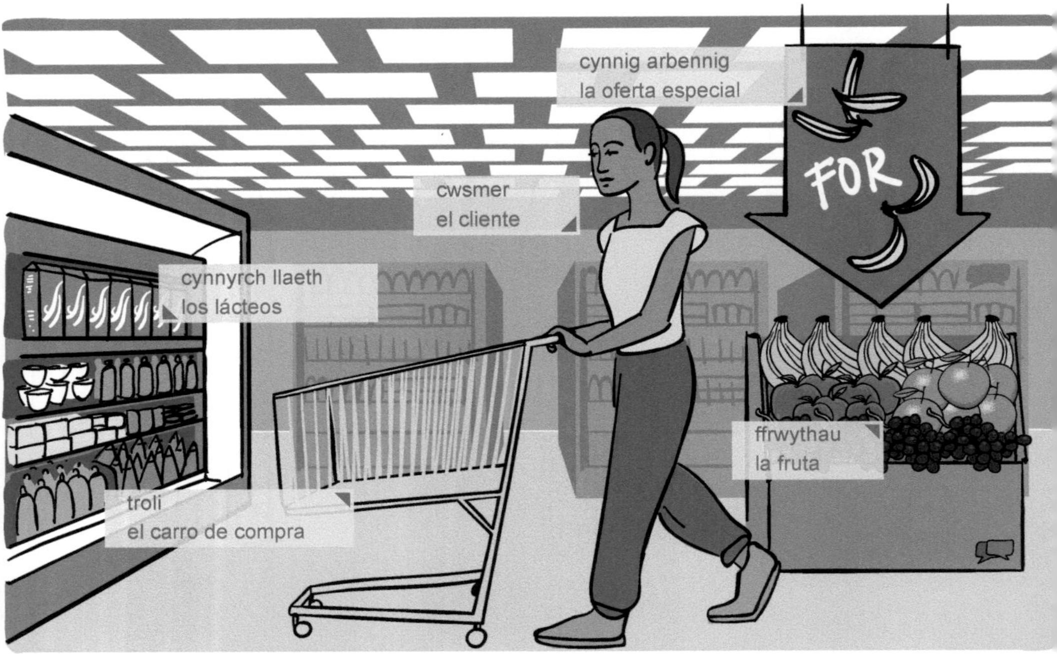

siop gig

la carniceria

BAKERY

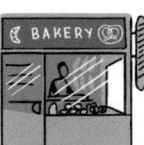

siop fara

la panadería

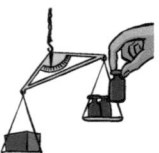

pwyso

pesar

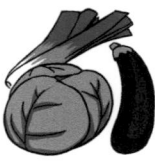

llysiau

las verduras

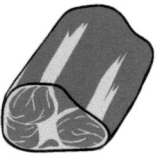

cig

la carne

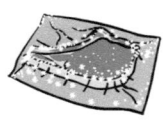

Bwyd wedi'i rewi

los alimentos congelados

cig oer

los fiambres

bwyd tun

las conservas

powdr golchi

el detergente en polvo

da-da

los dulces

cynnyrch cartref

productos de uso doméstico

cynhyrchion glanhau

productos de limpieza

gwerthwraig

la vendedora

til

la caja de cartón

ariannwr

el cajero

rhestr siopa

la lista de la compra

oriau agor

el horario de atención al público

waled

la cartera

cerdyn credyd

la tarjeta de crédito

bag

la bolsa de plástico

bag plastig

la bolsa de plástico

dŵr

el agua

sudd

el zumo

llefrith

la leche

côc

la cola

gwin

el vino

cwrw

la cerveza

alcohol

el alcohol

coco

el cacao

te

el té

coffi

el café

espresso

el expreso

cappuccino

el capuchino

ffrwchledd

el plátano

afal

la manzana

oren

la naranja

melon

el melón

lemwn

el limón

moronen

la zanahoria

garlleg

el ajo

bambŵ

el bambú

nionyn

la cebolla

madarchen

el champiñón

cnau

las avellanas

nwdls

los fideos

sbageti

las espagueti

reis

el arroz

salad

la ensalada

sglodion

las patatas fritas

tatws wedi'u ffrïo

las patatas fritas

pitsa

la pizza

hambyrger

la hamburguesa

brechdan

el sándwich

cytled

el filete

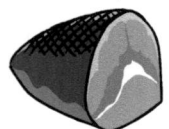

ham

el jamón

salami

le salami

selsig

la salchicha

cyw iâr

el pollo

rhost

el asado

pysgodyn

el pescado

ceirch uwd

los copos de avena

miwsli

el muesli

creision ŷd

los copos de maíz

blawd

la harina

croissant

el cruasán

bynsen

el panecillo

bara

el pan

tost

la tostada

bisgedi

las galletas

menyn

la mantequilla

ceuled

la cuajada

teisen

el pastel

wy

el huevo

wy wedi'i ffrïo

el huevo frito

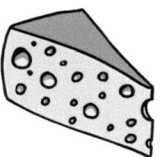

caws

el queso

hufen iâ

el helado

siwgr

el azúcar

mêl

la miel

jam

la mermelada

siocled taenu

la crema de turrón

cyri

el curry

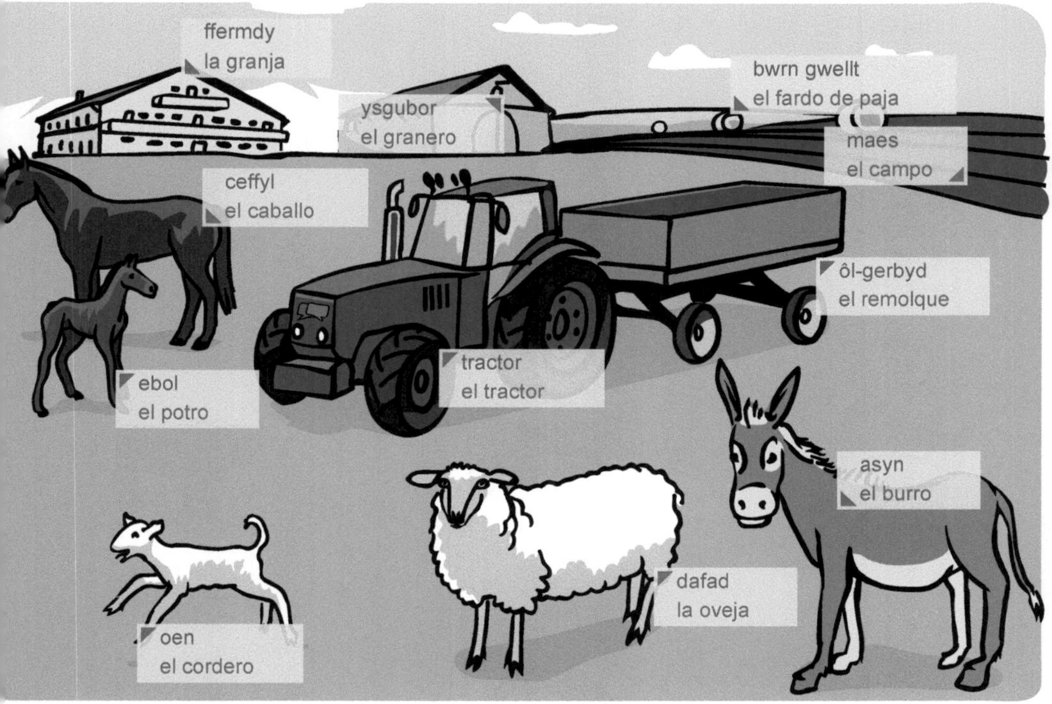

ffermdy
la granja

ysgubor
el granero

bwrn gwellt
el fardo de paja

maes
el campo

ceffyl
el caballo

ôl-gerbyd
el remolque

ebol
el potro

tractor
el tractor

asyn
el burro

dafad
la oveja

oen
el cordero

gafr
la cabra

buwch
la vaca

llo
el ternero

mochyn
el cerdo

porchell
el cerdito

tarw
el toro

gwydd

el ganso

hwyaden

el pato

cyw

el pollo

iâr

la gallina

ceiliog

el gallo

llygoden fawr

la rata

cath

el gato

llygoden

el ratón

ych

el buey

ci

el perro

cwt ci

la perrera

pibell ddŵr

la manguera

can dŵr

la regadera

pladur

la guadaña

aradr

el arado

cryman

la hoz

fforch chwynu

la azada

picwarch

la horca

bwyell

el hacha

berfa

la carretilla

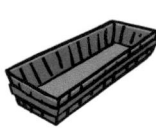

cafn

el abrevadero

tun llefrith

la lechera

sach

el saco

ffens

la valla

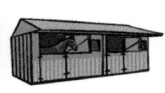

stabl

el establo

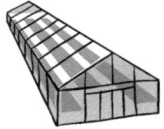

tŷ gwydr

el invernadero

pridd

el suelo

hedyn

la semilla

gwrtaith

el fertilizador

dyrnwr medi

la cosechadora

cynaeafu

cosechar

cynhaeaf

la cosecha

iamau

el ñame

gwenith

el trigo

soi

el soja

tysen

la patata

grawn

el maíz

had rêp

la semilla de colza

coeden ffrwythau

el árbol frutal

manioc

la mandioca

grawnfwydydd

las cereales

tŷ
la casa

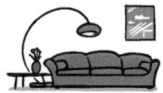

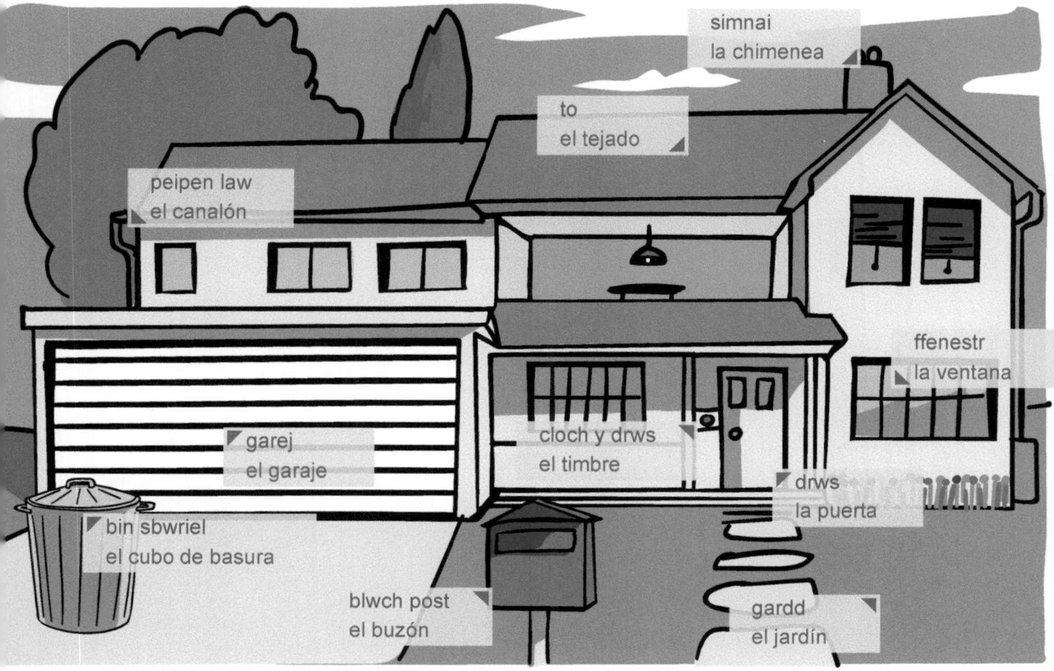
simnai
la chimenea
to
el tejado
peipen law
el canalón
ffenestr
la ventana
garej
el garaje
cloch y drws
el timbre
drws
la puerta
bin sbwriel
el cubo de basura
blwch post
el buzón
gardd
el jardín

lolfa

la sala

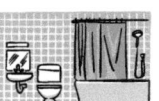

ystafell ymolchi

el cuarto de baño

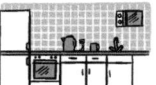

cegin

la cocina

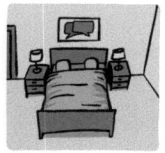

ystafell wely

el dormitorio

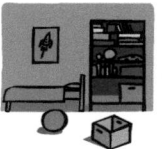

ystafell plentyn

la habitación de los niños

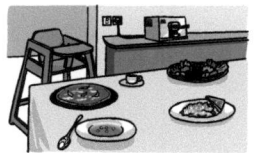

ystafell fwyta

el comedor

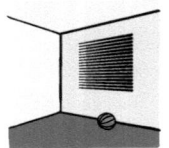

llawr

el suelo

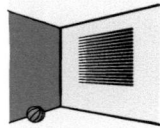

wal

la pared

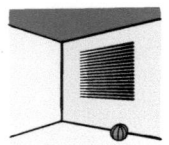

nenfwd

el techo

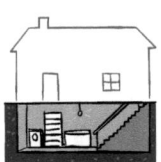

seler

el sótano

sawna

la sauna

balconi

el balcón

teras

la terraza

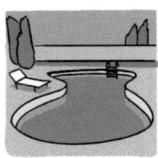

pwll

la piscina

peiriant torri gwair

el cortacésped

taflen

la sábana

gorchudd gwely

la colcha

gwely

la cama

ysgub

la escoba

bwced

el balde

swits

el interruptor

lolfa

la sala

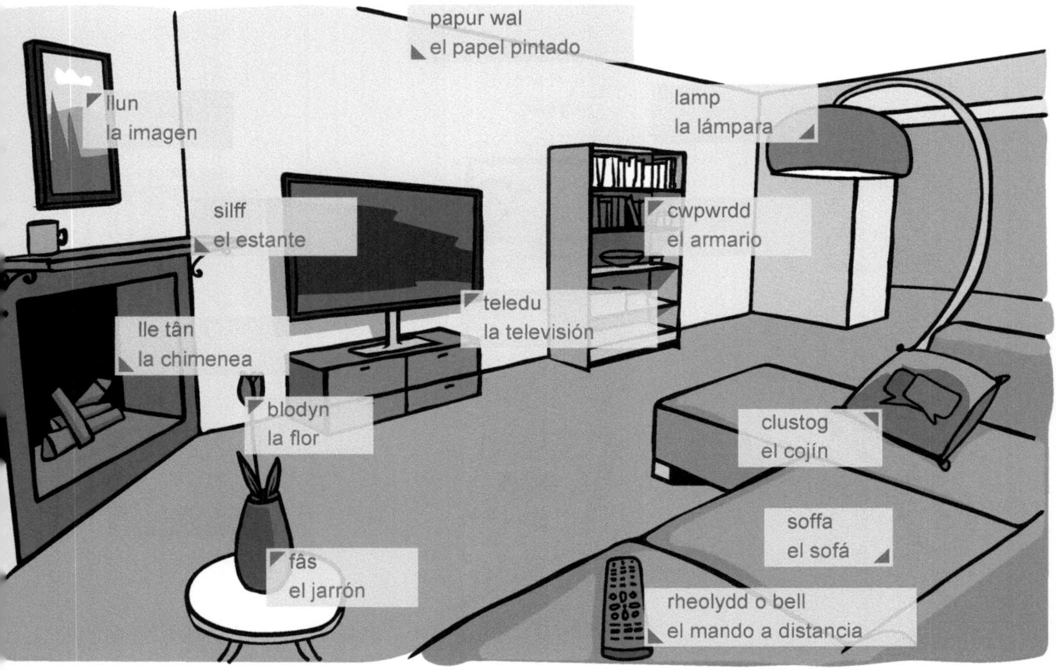

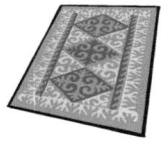

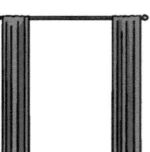

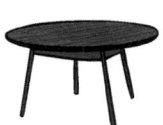

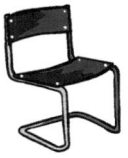

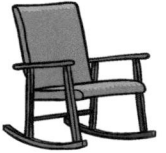

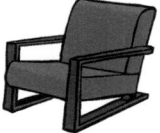

papur wal
el papel pintado
llun
la imagen
lamp
la lámpara
silff
el estante
cwpwrdd
el armario
teledu
la televisión
lle tân
la chimenea
blodyn
la flor
clustog
el cojín
soffa
el sofá
fâs
el jarrón
rheolydd o bell
el mando a distancia

carped

la alfombra

llen

la cortina

bwrdd

la mesa

cadair

la silla

cadair siglo

el mecedora

cadair freichiau

la butaca

llyfr
el libro

blanced
la manta

addurn
la decoración

coed tân
la leña

ffilm
la película

hi-fi
el equipo de música

agoriad
la llave

papur newydd
el periódico

darlun
la pintura

poster
el póster

radio
la radio

llyfr nodiadau
el cuaderno

hwfer
la aspiradora

cactws
el cactus

cannwyll
la vela

cegin
la cocina

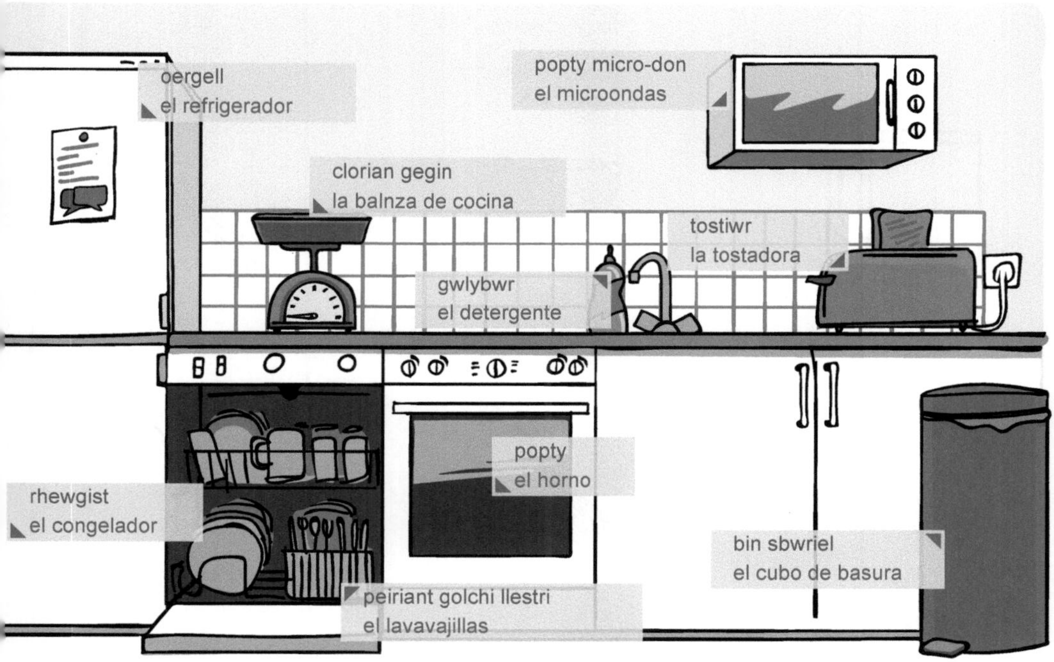
oergell
el refrigerador
popty micro-don
el microondas
clorian gegin
la balnza de cocina
tostiwr
la tostadora
gwlybwr
el detergente
popty
el horno
rhewgist
el congelador
bin sbwriel
el cubo de basura
peiriant golchi llestri
el lavavajillas

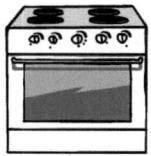

popty

la olla a presión

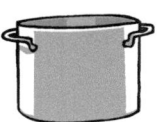

pot

la olla

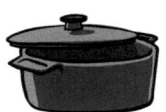

pot haearn bwrw

la olla de hierro fundido

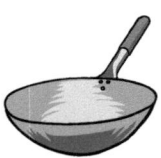

wok / kadai

el wok

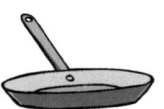

padell

la cazuela

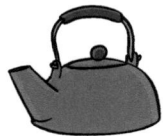

tegell

el hervidor

sosban stemio

la vaporera

hambwrdd pobi

la chapa de horno

llestri

la vajilla

mwg

la taza

powlen

el tazón

gweill bwyta

los palillos

lletwad

el cucharón

ysbodol

la espumadera

chwisg

el batidor

hidlydd

el colador

gogr

el cedazo

gratiwr

el rallador

morter

el mortero

barbeciw

la barbacoa

tân agored

la hoguera

bwrdd torri cig

la tabla de picar

rholbren

el rodillo

tynnwr corcyn

el sacacorchos

tun

la lata

peth agor tuniau

el abrelatas

clwt pot

el agarrador

sinc

el lavabo

brws

el cepillo

sbwng

la esponja

peiriant cymysgu

la batidora

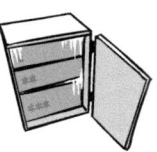

rhewgell

el congelador

potel babi

el biberón

tap

el grifo

ystafell ymolchi

el cuarto de baño

cawod
la ducha

gwres
la calefacción

tywel
la toalla

llen gawod
la cortina de la ducha

baddon ewyn
el baño de espuma

baddon
la bañera

gwydr
el vaso

peiriant golchi
la lavadora

teils
las baldosas

tap
el grifo

potyn
el orinal

sinc
el lavabo

tŷ bach

el inodoro

toiled cyrcydu

el inodoro rústico

bidet

el bidé

troethfa

el urinario

papur tŷ bach

el papel higiénico

brws tŷ bach

la escobilla del váter

brws dannedd

el cepillo de dientes

past dannedd

la pasta de dientes

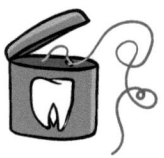

edau ddannedd

el hilo dental

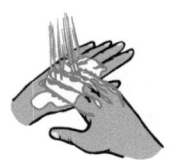

golchi

lavar

cawod llaw

la ducha de mano

golchfa

la ducha íntima

basn

la pila

brws-ôl

el cepillo de espalda

sebon

el jabón

gel cawod

el gel de ducha

siampŵ

el champú

gwlanen

la toallita

ffos

el desagüe

hufen

la crema

diaroglydd

el desodorante

drych

el espejo

drych llaw

el espejo de tocador

rasel

la maquinilla de afeitar

ewyn eillio

la espuma de afeitar

sent eillio

la loción postafeitado

crib

el peine

brws

el cepillo

sychwr gwallt

el secador

chwistrell gwallt

la laca

colur

el maquillaje

minlliw

el pintalabios

farnais ewinedd

el pintauñas

gwlân cotwm

el algodón

siswrn ewinedd

el cortauñas

persawr

el perfume

ystafell ymolchi - el cuarto de baño

bag ymolchi

el estuche de viaje

stôl

la banqueta

clorian

la balanza

gŵn baddon

el albornoz

menig rwber

los guantes de goma

tampon

el tampón

tywel misglwyf

la compresa

toiled cemegol

el inodoro químico

ystafell plentyn
la habitación de los niños

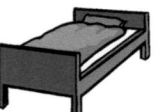

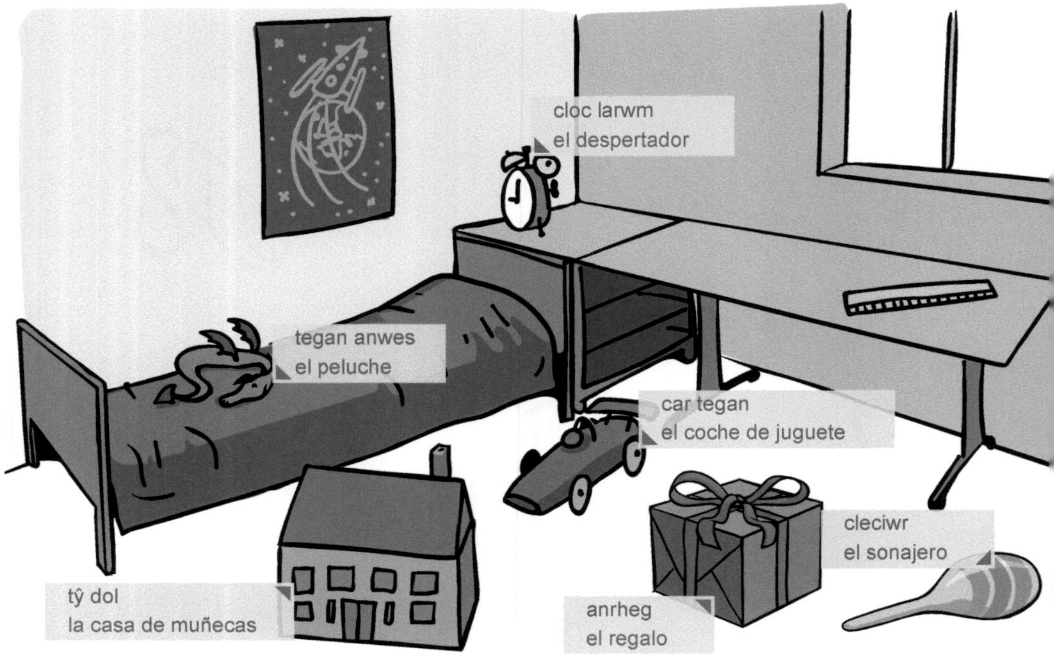
cloc larwm
el despertador
tegan anwes
el peluche
car tegan
el coche de juguete
cleciwr
el sonajero
tŷ dol
la casa de muñecas
anrheg
el regalo

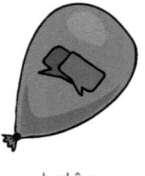

balŵn

el globo

gwely

la cama

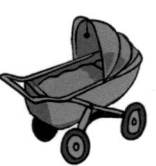

pram

el coche de niño

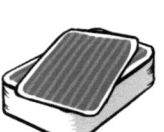

pecyn o gardiau

los naipes

jig-so

el puzle

SUPER
MEGA

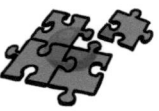

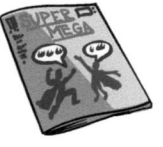

comic

el tebeo

brics Lego

las piezas de lego

blociau adeiladu

los bloques de juguete

ffigur gweithredu

la figura de acción

babygro

el bodi (de bebé)

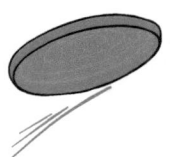

ffrisbi

el frisbee

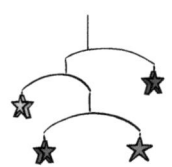

ffôn symudol

el colgador móvil para bebés

gêm fwrdd

el juego de mesa

deis

los dados

set model trên

el circuito de tren eléctrico

teth lwgu

el maniquí

parti

la fiesta

llyfr lluniau

el álbum de fotos

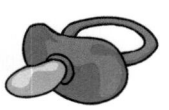

pêl

la pelota

dol

la muñeca

chwarae

jugar

pwll tywod

el cajón de arena

swing

el columpio

teganau

los juguetes

consol gemau fideo

la videoconsola

beic tair olwyn

el triciclo

tedi

el oso de peluche

cwpwrdd dillad

la guardarropa

dillad

la ropa

hosanau

los calcetines

hosanau

las medias

teits

los leotardos

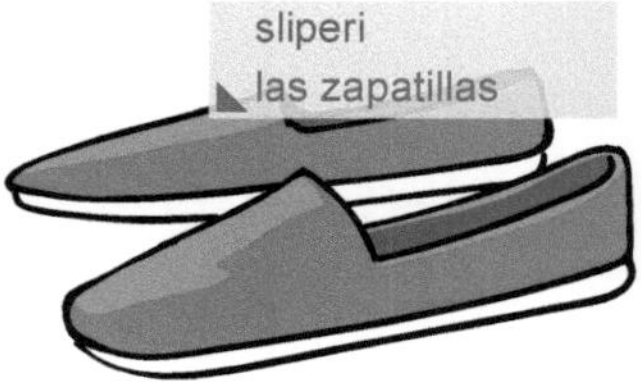

sgarff
la bufanda

ymbarél
el paraguas

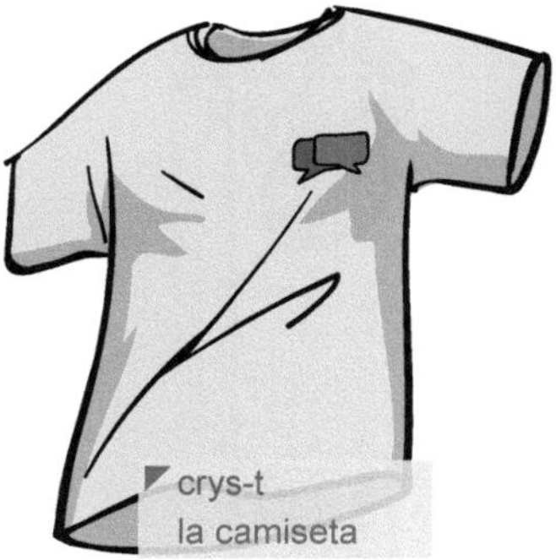

gwregys
el cinturón

crys-t
la camiseta

esgidiau
las botas

sliperi
las zapatillas

esidiau ymarfer
las deportivas

sandalau
....
las sandalias

esgidiau
....
los zapatos

esgidiau rwber
....
las botas de goma

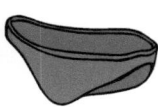

trôns
....
el slip

bra
....
el sostén

fest
....
el chaleco

corff

el bodi

trowsus

los pantalones cortos

jîns

los vaqueros

sgert

la falda

blows

la blusa

crys

la camisa

pwlofer

el jersey

hwdi

el suéter

blaser

el blazer

siaced

la chaqueta

côt

el abrigo

côt law

la gabardina

gwisg

el traje

gŵn

el vestido

gwisg briodas

el vestido de novia

siwt

el traje

gŵn nos

el camisón

pyjamas

el pijama

sari

el sati

sgarff pen

el bandana

tyrban

el turbante

bwrca

la burka

cafftan

el caftán

abaya

la abaya

gwisg nofio

el traje de baño

trowsus nofio

el bañador

siorts

los pantalones cortos

tracwisg

el chándal

ffedog

el delantal

menig

los guantes

botwm

el botón

sbectol

las gafas

breichled

el brazalete

cadwyn

el collar

modrwy

el anillo

clustdlws

el pendiente

cap

la gorra

cambren

la percha

het

el sombrero

tei

la corbata

sip

la cremallera

helmed

el casco

fframiau danedd

los tirantes

gwisg ysgol

el uniforme

gwisg

el uniforme

bib
el babero

teth lwgu
el maniquí

cewyn
el pañal

swyddfa
la oficina

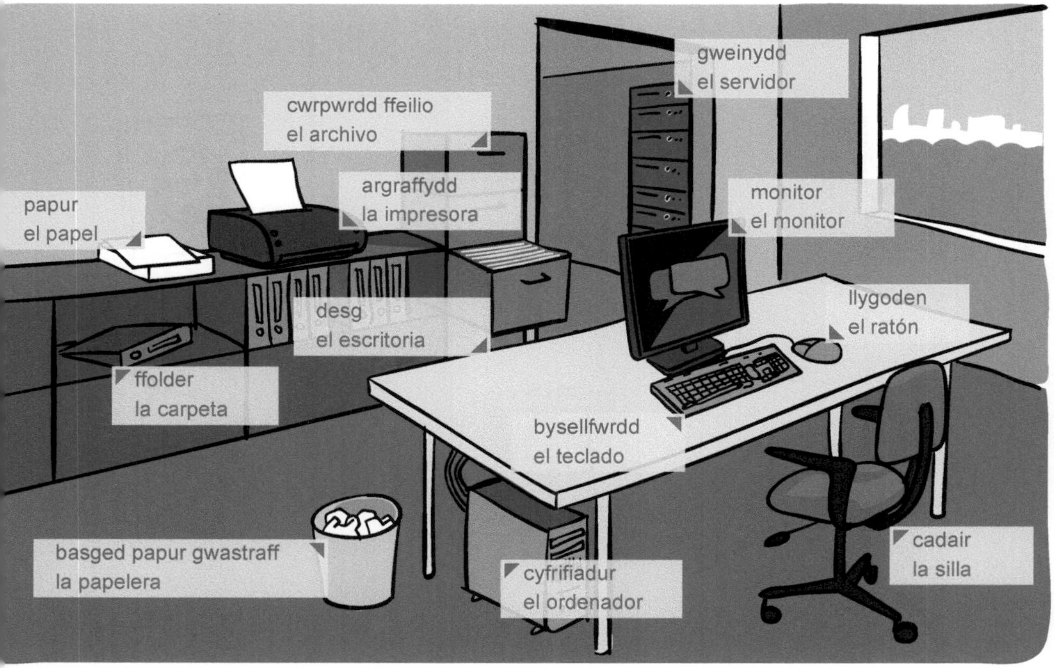

cwrpwrdd ffeilio
el archivo

gweinydd
el servidor

argraffydd
la impresora

papur
el papel

monitor
el monitor

desg
el escritoria

llygoden
el ratón

ffolder
la carpeta

bysellfwrdd
el teclado

basged papur gwastraff
la papelera

cadair
la silla

cyfrifiadur
el ordenador

mwg coffi
la taza de café

cyfrifiannell
la calculadora

rhyngrwyd
el internet

swyddfa - la oficina

49

gliniadur

el portátil

llythyr

la carta

neges

el mensaje

ffôn symudol

el móvil

rhwydwaith

la red

llungopïwr

la fotocopiadora

meddalwedd

el software

teleffon

el teléfono

soced plwg

la toma de corriente

peiriant ffacs

el fax

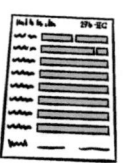

ffurflen

el formulario

dogfen

el documento

prynu

comprar

talu

pagar

masnachu

comerciar

arian

el dinero

USD

doler

el dólar

EUR

ewro

el euro

JPY

yen

el yen

RUB

rwbl

el rublo

CHF

ffranc y Swistir

el franco suizo

CNY

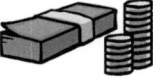

yuan renminbi

el renminbi yuan

INR

rwpi

la rupia

peiriant arian

el cajero automático

swyddfa gyfnewid

la oficina de cambio de divisas

aur

el oro

arian

la plata

olew

el petróleo

ynni

la energía

pris

el precio

contract

el contrato

treth

el impuesto

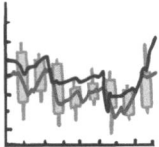

stoc

la acción

gweithio

trabajar

cyflogai

el empleador

cyflogwr

el empleador

ffatri

la fábrica

siop

la tienda de campaña

swyddi
los oficios

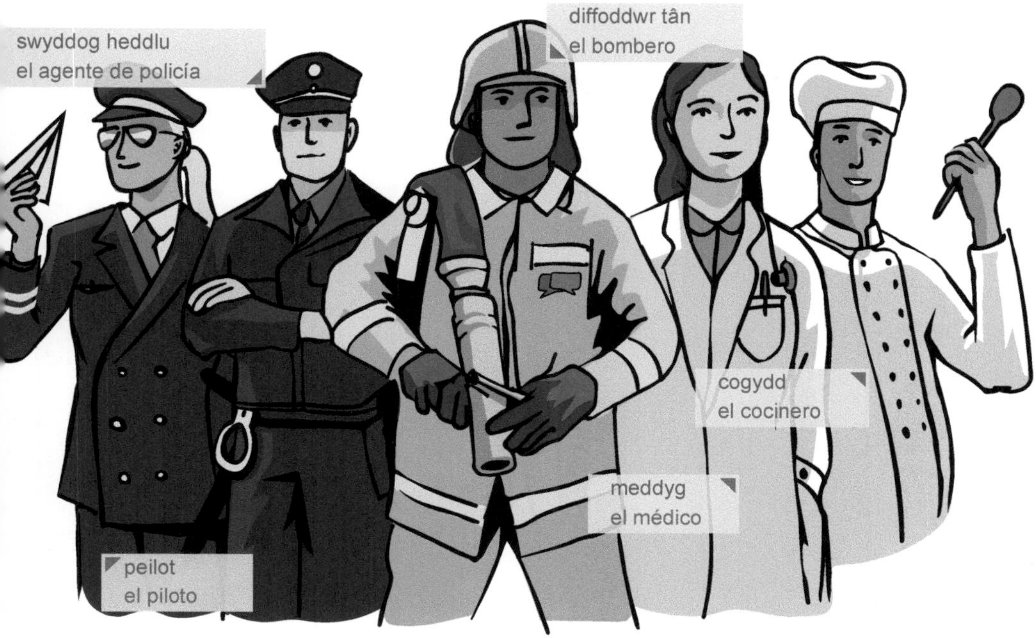
diffoddwr tân
el bombero
swyddog heddlu
el agente de policía
cogydd
el cocinero
meddyg
el médico
peilot
el piloto

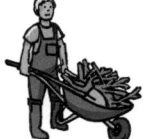

garddwr

el jardinero

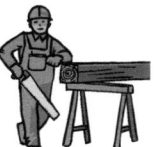

saer

el carpintero

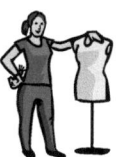

gwniadwraig

la costurera

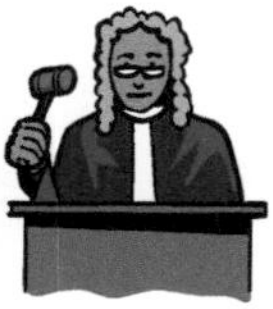

barnwr

el juez

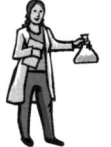

fferyllydd

el farmacéutico

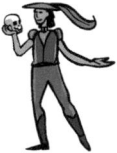

actor

el actor

gyrrwr bws

el conductor de autobús

gyrrwr tacsi

el taxista

pysgotwr

el pescador

glanhawraig

la señora de la limpieza

töwr

el techador

gweinydd

el camarero

heliwr

el cazador

paentiwr

el pintor

pobydd

el panadero

trydanwr

el electricista

adeiladwr

el obrero

peiriannydd

el ingeniero

cigydd

el carnicero

plymiwr

el fontanero

dyn y post

el cartero

milwr

el soldado

pensaer

el arquitecto

ariannwr

el cajero

gwerthwr blodau

el florista

triniwr gwallt

el peluquero

archwiliwr tocynnau
rheilffordd

el revisor

mecanydd

el mecánico

capten

el capitán

deintydd

el dentista

gwyddonydd

el científico

rabi

el rabino

imam

el imán

mynach

el monje

clerigwr

el sacerdote

offer

las herramientas

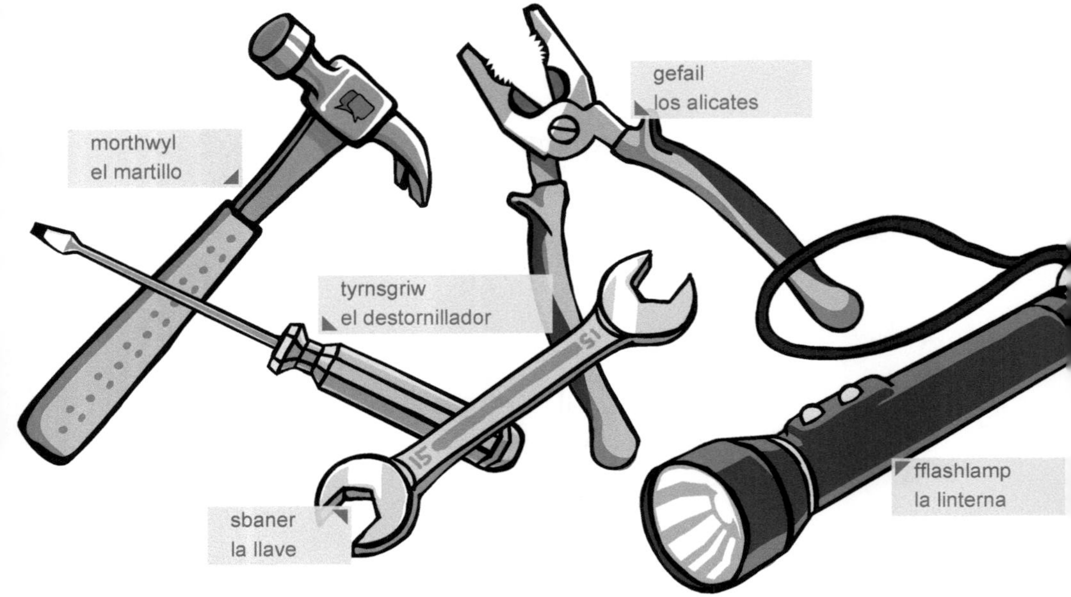
morthwyl
el martillo
gefail
los alicates
tyrnsgriw
el destornillador
sbaner
la llave
fflashlamp
la linterna

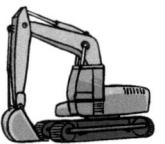

turiwr

la excavadora

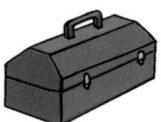

blwch offer

la caja de herramientas

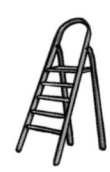

ysgol

la escalera de mano

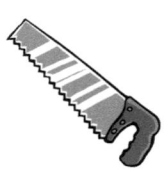

llif

la sierra

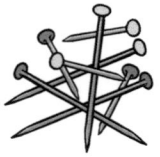

hoelion

los clavos

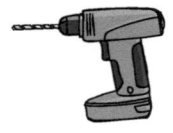

dril

el taladro

trwsio

reparar

rhaw

la pala

Daria!

¡Maldita sea!

rhaw lwch

el recogedor

pot paent

el bote de pintura

sgriwiau

los tornillos

offerynnau cerdd
los instrumentos musicales

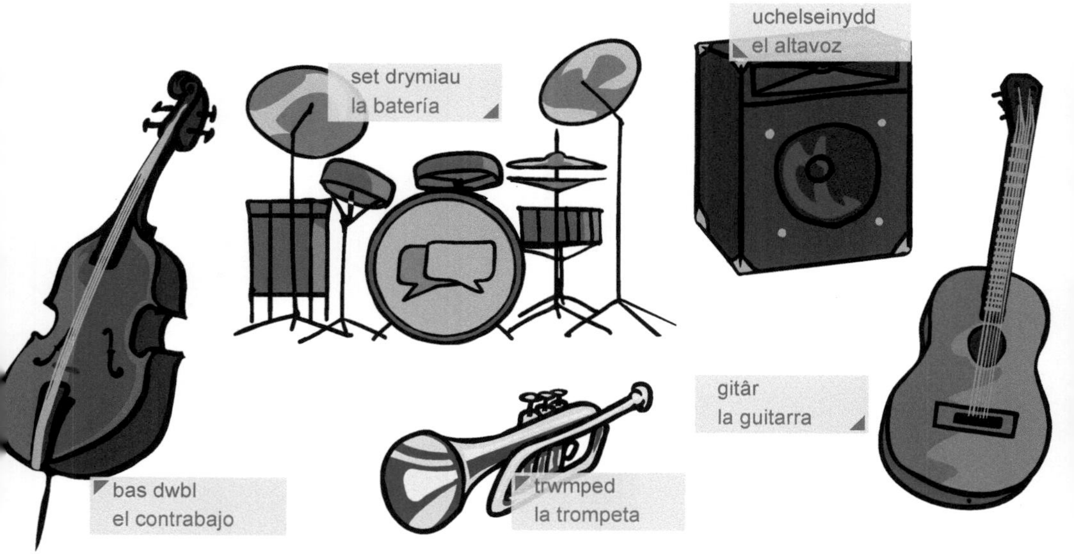

set drymiau
la batería

uchelseinydd
el altavoz

gitâr
la guitarra

bas dwbl
el contrabajo

trwmped
la trompeta

piano

el piano

ffidil

el violín

bas

bajo

timpani

los timbales

drymiau

el tambor

cyweirfwrdd

el teclado

sacsoffon

el saxofón

ffliwt

la flauta

meicroffon

el micrófono

el zoo

teigr
el tigre

mynediad
la entrada

cawell
la jaula

sebra
la cebra

bwyd anifeiliaid
el pienso

panda
el panda

anifeiliaid

los animales

eliffant

el elefante

cangarŵ

el canguro

rhinoseros

el rinoceronte

gorila

el gorila

arth

el oso

camel

el camello

estrys

el avestruz

llew

el león

mwnci

el mono

fflamingo

el flamingo

parot

el loro

arth wen

el oso polar

pengwin

el pingüino

siarc

el tiburón

paun

el pavo real

neidr

la serpiente

crocodeil

el cocodrilo

gofalwr sŵ

el guardián de zoológico

morlo

la foca

jagwar

el jaguar

merlyn

el poni

llewpard

el leopardo

hipo

el hipopótamo

jiráff

la jirafa

eryr

el águila

baedd

el jabalí

pysgodyn

el pescado

crwban

la tortuga

walrws

la morsa

llwynog

el zorro

gafrewig

la gacela

chwaraeon
los deportes

pêl-droed America
el fútbol americano

beicio
el ciclismo

tennis
el tenis

pêl-fasged
el baloncesto

nofio
la natación

bocsio
el boxeo

hoci iâ
el hockey sobre hielo

pêl-droed
el fútbol

badminton
el bádminton

athletau
el atletismo

pêl-law
el balonmano

sgïo
el esquí

polo
el polo

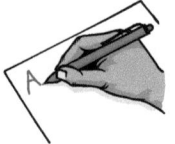

gweithgareddau
las actividades

chwerthin
reír
neidio
saltar
cofleidio
abrazar
cerdded
caminar
canu
cantar
breuddwydio
soñar
gweddïo
rezar
cusanu
besar

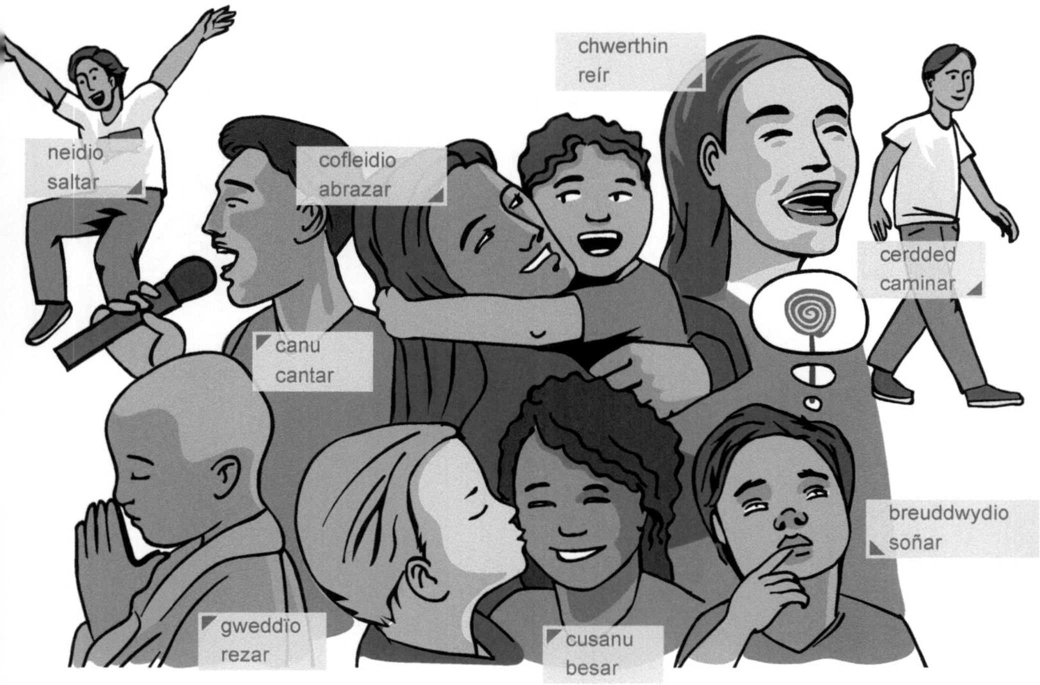

ysgrifennu

escribir

tynnu

dibujar

dangos

mostrar

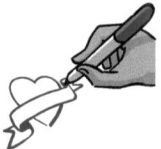

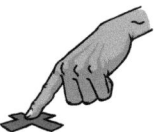

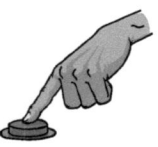

gwthio

empujar

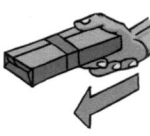

rhoi

dar

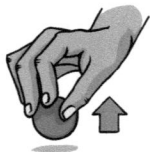

cymryd

tomar

bod gan

tener

gwneud

hacer

bod

ser

sefyll

estar de pie

rhedeg

correr

tynnu

tirar

taflu

tirar

disgyn

caer

gorwedd

yacer

aros

esperar

cario

llevar

eistedd

estar sentado

gwisgo amdanoch

vestirse

cysgu

dormir

deffro

despertar

edrych ar

mirar

crïo

llorar

anwesu

acariciar

cribo

peinar

siarad

hablar

deall

entender

gofyn

preguntar

gwrando

escuchar

yfed

beber

bwyta

comer

tacluso

ordenar

caru

amar

coginio

cocinar

gyrru

conducir

hedfan

volar

hwylio

navegar

cyfrifo

calcular

darllen

leer

dysgu

aprender

gweithio

trabajar

priodi

casarse

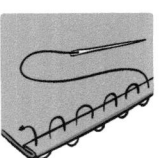

gwnïo

coser

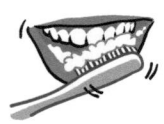

brwsio dannedd

cepillarse los dientes

lladd

matar

ysmygu

fumar

anfon

enviar

nain
la abuela

taid
el abuelo

tad
el padre

mam
la madre

baban
el bebé

merch
la hija

mab
el hijo

gwestai

el invitado

modryb

la tía

ewythr

el tío

brawd

el hermano

chwaer

la hermana

corff

el cuerpo

talcen
la frente
llygad
el ojo
ysgwydd
el hombro
bys
el dedo
wyneb
la cara
gên
la barbilla
llaw
la mano
coes
la pierna
bron
el pecho
braich
el brazo

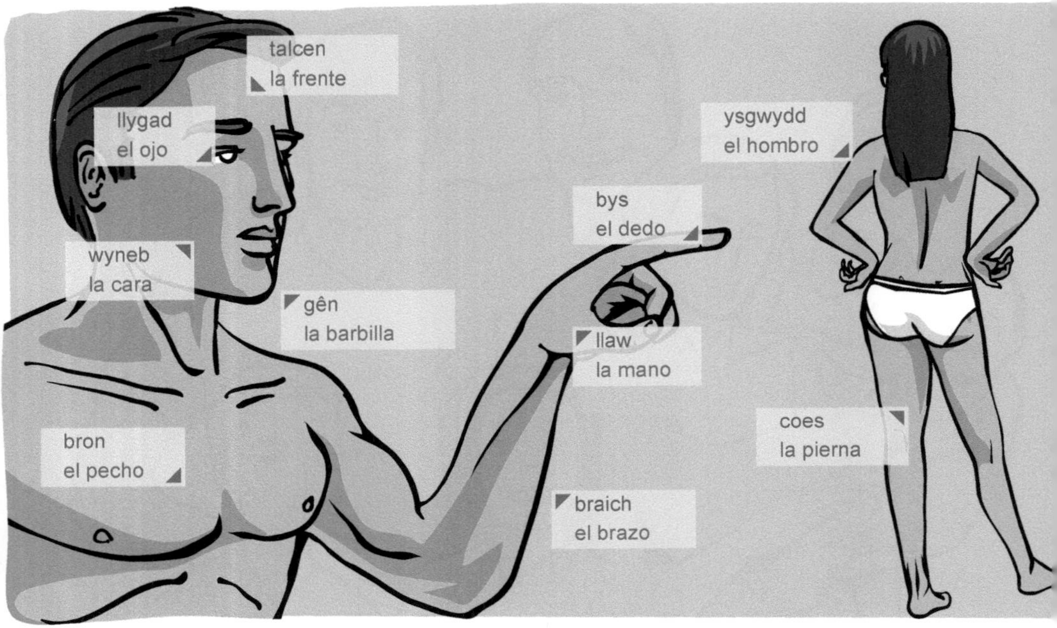

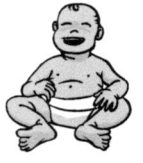

baban

el bebé

dyn

el hombre

gwraig

la mujer

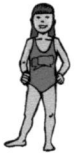

geneth

la chica

bachgen

el chico

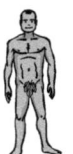

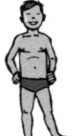

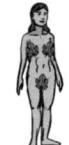

pen

la cabeza

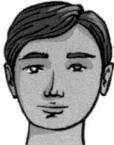

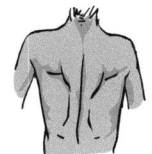

cefn

la espalda

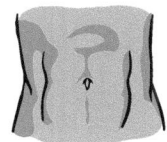

bel

el vientre

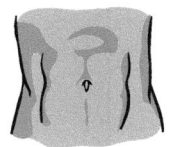

bogail

el ombligo

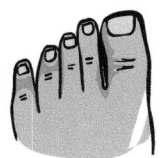

bys troed

el dedo del pie

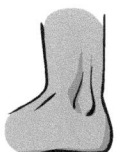

sawdl

el talón

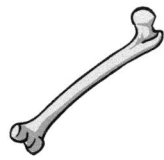

asgwrn

el hueso

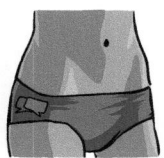

clun

la cadera

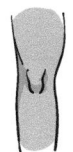

pen-glin

la rodilla

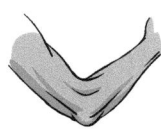

penelin

el codo

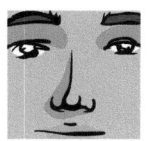

trwyn

la nariz

pen ôl

el trasero

croen

la piel

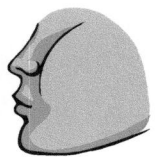

boch

la mejilla

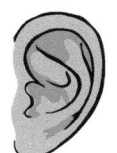

clust

el oído

gwefus

el labio

ceg

la boca

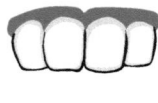

dant

el diente

tafod

la lengua

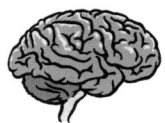

ymennydd

el cerebro

calon

el corazón

cyhyr

el músculo

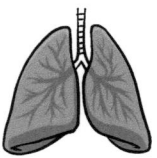

ysgyfaint

el pulmón

iau

el hígado

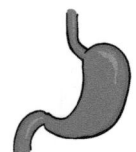

stumog

el estómago

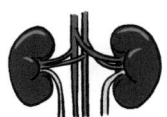

arennau

los riñones

rhyw

el sexo

condom

el condón

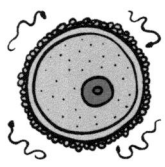

ofwm

el ovario

semen

el semen

beichiogrwydd

el embarazo

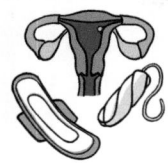

mislif

la menstruación

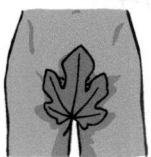

fagina

la vagina

pidyn

el pene

ael

la ceja

gwallt

el pelo

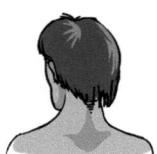

gwddf

el cuello

ysbyty
el hospital

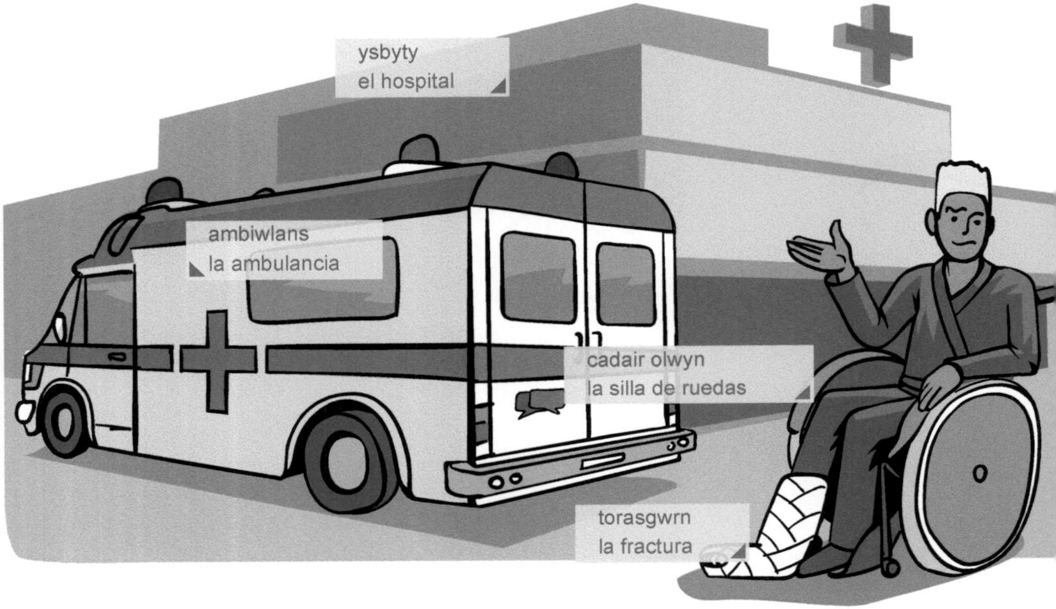

ysbyty
el hospital
ambiwlans
la ambulancia
cadair olwyn
la silla de ruedas
torasgwrn
la fractura

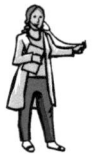

meddyg

el médico

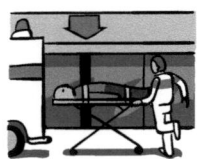

ystafell argyfwng

la sala de urgencias

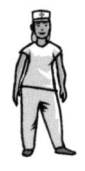

nyrs

la enfermera

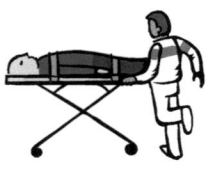

argyfwng

la urgencia

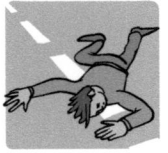

anymwybodol

inconsciente

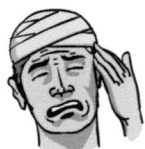

poen

el dolor

anaf

la lesión

gwaedu

la hemorragia

trawiad ar y galon

el infarto

strôc

el ictus

alergedd

la alergia

peswch

la tos

twymyn

la fiebre

ffliw

la gripe

dolur rhydd

la diarrea

cur pen

el dolor de cabeza

canser

el cáncer

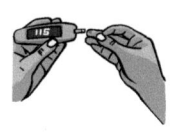

diabetes

la diabetes

llawfeddyg

el cirujano

fflaim

el bisturí

gweithrediad

la operación

CT

TAC

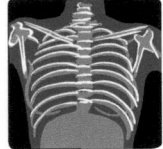

pelydr-x

los rayos x

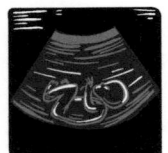

uwchsain

el ultrasonido

mwgwd wyneb

la mascarilla

clefyd

la enfermedad

ystafell aros

la sala de espera

bagl

la muleta

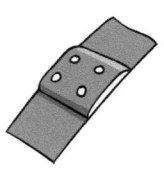

plastr

la tirita

rhwymyn

la venda

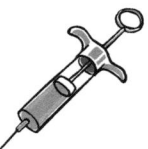

pigiad

la inyección

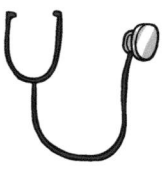

stethosgop

el estetoscopio

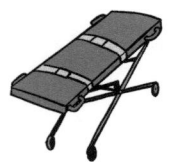

elorwely

la camilla

thermomedr clinigol

el termómetro

genedigaeth

el nacimiento

dros bwysau

el sobrepeso

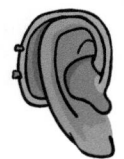

cymorth clyw

el audífono

diheintydd

el desinfectante

haint

la infección

firws

el virus

HIV / AIDS

VIH / SIDA

meddygaeth

la medicina

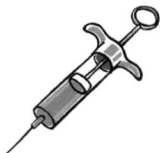

brechiad

la vacunación

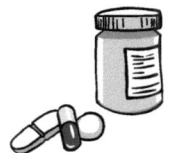

tabledi

las tabletas

y bilsen

la pastilla

galwad frys

la llamada de urgencia

monitor pwysau gwaed

el tensiómetro

yn sâl / yn iach

enfermo / sano

Help!

¡Socorro!

larwm

la alarma

ymosodiad

el asalto

ymosodiad

el ataque

perygl

el peligro

allanfa argyfwng

la salida de emergencia

Tân!

¡Fuego!

diffoddwr tân

el extintor de incendios

damwain

el accidente

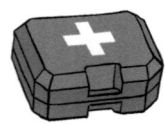

pecyn cymorth cyntaf

el botiquín de primeros
auxilios

SOS

SOS

heddlu

la policía

Ewrop

Europa

Gogledd America

Norteamérica

De America

Sudamérica

Affrica

África

Asia

Asia

Awstralia

Australia

Iwerydd

el atlántico

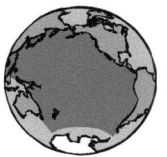

y Môr Tawel

el Pacífico

Cefnfor yr India

el Océano Índico

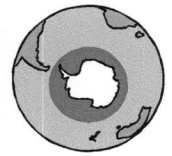

Cefnfor yr Antarctig

el Océano Antártico

Cefnfor yr Arctig

el Océano Ártico

Pegwn y Gogledd

el polo norte

Pegwn y De

el polo sur

Antarctica

La Antártida

y Ddaear

la tierra

tir

la tierra

môr

el mar

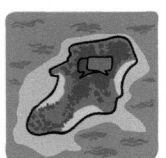

ynys

la isla

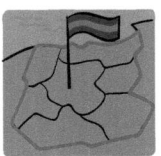

cenedl

la nación

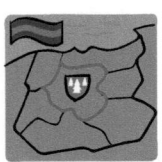

gwladwriaeth

el estado

wyneb cloc

la esfera

bys awr

la manecilla de las horas

bys munud

el minutero

bys eiliad

el segundero

Faint o'r gloch yw hi?

¿Qué hora es?

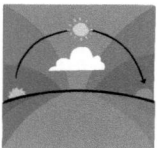

dydd

el día

amser

el tiempo

yn awr

ahora

cloc digidol

el reloj digital

munud

el minuto

awr

la hora

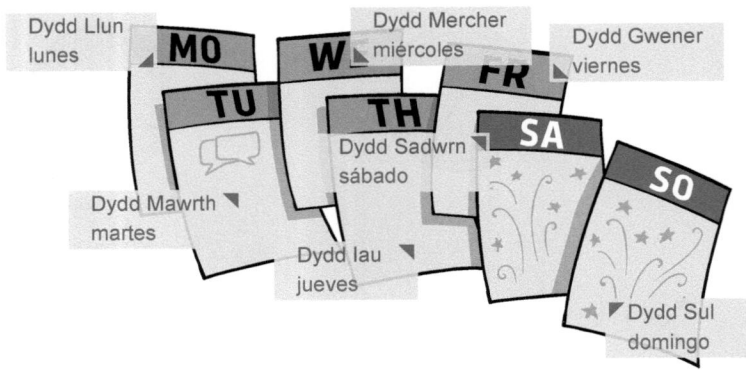

Dydd Llun
lunes

Dydd Mercher
miércoles

Dydd Gwener
viernes

Dydd Sadwrn
sábado

Dydd Mawrth
martes

Dydd Iau
jueves

Dydd Sul
domingo

ddoe

ayer

heddiw

hoy

yfory

mañana

bore

la mañana

canol dydd

el mediodía

noswaith

la tarde

MO	TU	WE	TH	FR	SA	SU
1	2	3	4	5	6	7
8	9	10	11	12	13	14
15	16	17	18	19	20	21
22	23	24	25	26	27	28
29	30	31	1	2	3	4

diwrnodiau busnes

los días laborables

MO	TU	WE	TH	FR	SA	SU
1	2	3	4	5	6	7
8	9	10	11	12	13	14
15	16	17	18	19	20	21
22	23	24	25	26	27	28
29	30	31	1	2	3	4

penwythnos

el fin de semana

blwyddyn
el año

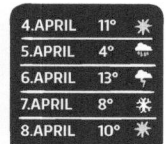

glaw
la lluvia
enfys
el arcoíris
eira
la nieve
gwynt
el viento
gwanwyn
la primavera
hydref
el otoño
haf
el verano
gaeaf
el invierno

4.APRIL 11°
5.APRIL 4°
6.APRIL 13°
7.APRIL 8°
8.APRIL 10°

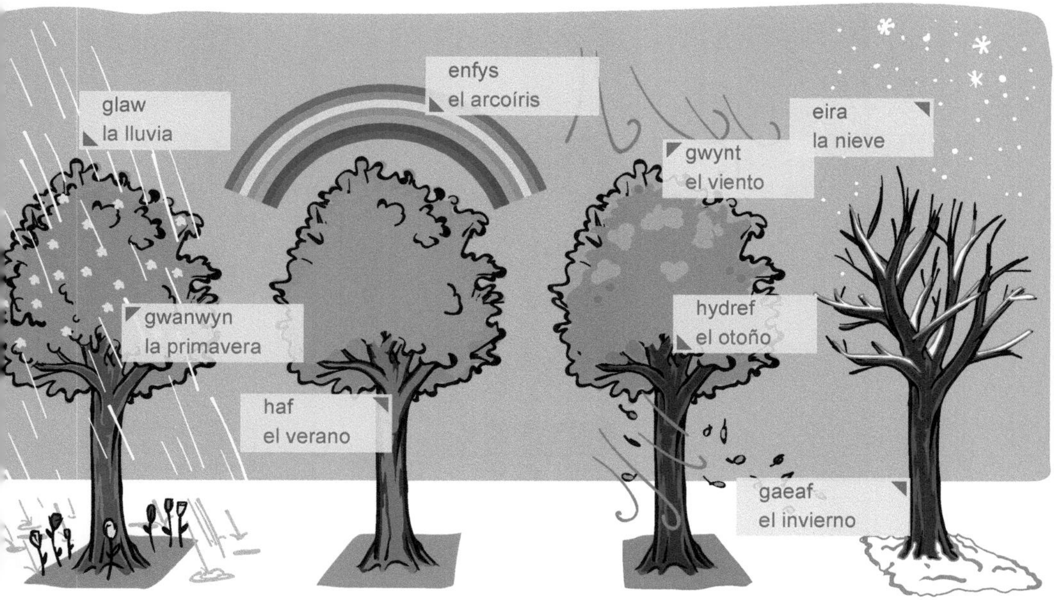

rhagolygon y tywydd

el pronóstico del tiempo

F C
120 40
90 30
60 20
30 10
0 0
-30 -10
-20

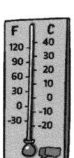

thermomedr

el termómetro

heulwen

el sol

cwmwl

la nube

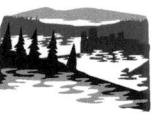

niwl tew

la niebla

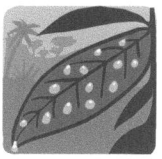

lleithder

la humedad

mellt

el rayo

taranau

el trueno

storm

la tormenta

cenllysg

el granizo

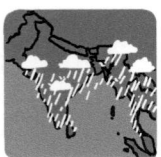

monsŵn

el monzón

llif

la inundación

iâ

el hielo

Ionawr

enero

Chwefror

febrero

Mawrth

marzo

Ebrill

abril

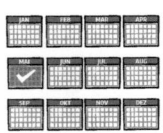

Mai

mayo

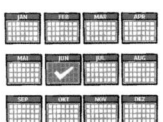

Mehefin

junio

Gorffennaf

julio

Awst

agosto

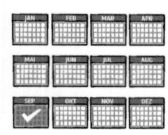

Medi

septiembre

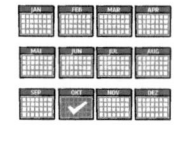

Hydref

octubre

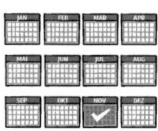

Tachwedd

noviembre

Rhagfyr

diciembre

siapiau

las formas

cylch

el círculo

sgwâr

el cuadrado

petryal

el rectángulo

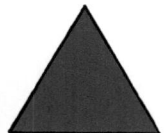

triongl

el triángulo

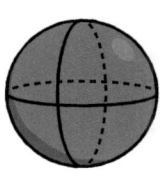

sffêr

la esfera

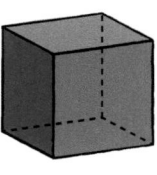

ciwb

el cubo

gwyn

blanco

melyn

amarillo

oren

anaranjado

pinc

rosa

coch

rojo

porffor

morado

glas

azul

gwyrdd

verde

brown

marrón

llwyd

gris

du

negro

llawer / ychydig

mucho / poco

dig / tawel

enojado / tranquilo

hardd / hyll

bonito / feo

dechrau / diwedd

principio / fin

mawr / bach

grande / pequeño

llachar / tywyll

claro / oscuro

brawd / chwaer

el hermano / la hermana

glân / budr

limpio / sucio

gyflawn / anghyflawn

completo / incompleto

dydd / nos

el día / la noche

farw / yn fyw

muerto / vivo

eang / cul

ancho / estrecho

bwytadwy / anfwytadwy

comestible / no comestible

drwg / caredig

malo / amable

llawn cyffro / diflasu

entusiasmado / aburrido

tew / tenau

gordo / delgado

cyntaf / olaf

primero / último

cyfaill / gelyn

el amigo / el enemigo

llawn / gwag

lleno / vacío

caled / meddal

duro / blando

trwm / ysgafn

pesado / ligero

wedi newynnu / yn sychedig

el hambre / la sed

yn sâl / yn iach

enfermo / sano

anghyfreithlon / cyfreithiol

ilegal / legal

deallus / twp

inteligente / tonto

chwith / dde

izquierda / derecha

agos / pell

cerca / lejos

newydd / wedi'i ddefnyddio

nuevo / usado

dim / rhywbeth

nada / algo

hen / ifanc

viejo / joven

ymlaen / i ffwrdd

encendido / apagado

ar agor / ar gau

abierto / cerrado

tawel / uchel

silencioso / ruidoso

cyfoethog / tlawd

rico / pobre

cywir / anghywir

correcto / incorrecto

garw / llyfn

áspero / suave

trist / hapus

triste / contento

byr / hir

corto / largo

araf / cyflym

lento / rápido

gwlyb / sych

húmedo / seco

cynnes / claear

cálido / frío

rhyfel / heddwch

guerra / paz

0

sero

cero

1

un

uno

2

dau

dos

3

tri

tres

4

pedwar

cuatro

5

pump

cinco

6

chwech

seis

7

saith

siete

8

wyth

ocho

9

naw

nueve

10

deg

diez

11

un deg un

once

12

un deg dau

doce

13

un deg tri

trece

14

un deg pedwar

catorce

15

un deg pump

quince

16

un deg chwech

dieciséis

17

un deg saith

diecisiete

18

un deg wyth

dieciocho

19

un deg naw

diecinueve

20

dau ddeg

veinte

100

cant

cien

1.000

mil

mil

1.000.000

miliwn

el millón

Saesneg

el inglés

Saesneg America

el inglés americano

Tsieinëeg Mandarin

el chino madarín

Hindi

el hindi

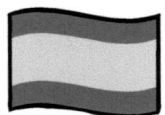

Sbaeneg

el español

Ffrangeg

el francés

Arabeg

el árabe

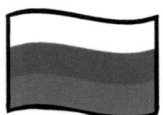

Rwseg

el ruso

Portiwgaleg

el portugués

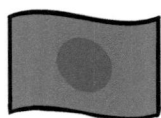

Bengali

el bengalí

Almaeneg

el alemán

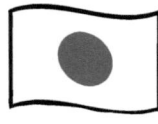

Siapanaeg

el japonés

fi
....
yo

ti
....
tú

ef / hi
....
él / ella / ello

ni
....
nosotros/as

chi
....
vosotros/as

nhw
....
ellos/as

pwy?
....
¿quién?

beth?
....
¿qué?

sut?
....
¿cómo?

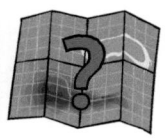

ble?
....
¿dónde?

pryd?
....
¿cuándo?

enw
....
el nombre

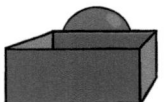

y tu ôl i

detrás

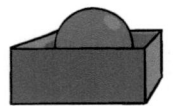

yn / yng / ym / mewn

en

o flaen

delante de

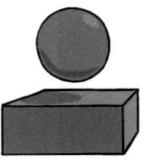

dros

por encima de

ar

sobre

dan

debajo de

wrth ochr

junto a

rhwng

entre

lle

el lugar